님께

서로 사랑하고
아끼며 살아요
우리,

白愚 장은기

예쁜 그리움 하나

장운기 5시집

| 시인의 말 |

꽃을 좋아하는 시인은 감성이 풍부한데 나는 감성이 마른 듯하다 좋은 시집을 읽어도 그렇고 수필을 읽어도 감성이 부족하다 詩를 만든다는 게 뭔가. 어쩌면 들켜버리기 전 내 마음을 먼저 토해내는 과정은 아닐지 펜을 잡으면 평온해지는 그런 기분 때문에 詩를 만들고 있는 것 같다 어느새 詩를 만나고 독자들과 공유한 집이 다섯 번째 집이 됐다 부족한 시인에게 힘을 실어준 독자들에게 감사한 인사를 드린다 처음부터 묵묵히 지지해 준 우리 집 식구들과 시사문단 발행인님께 진심으로 감사함을 전합니다 이제 또 시작해야 한다

집필의 즐거움을 가슴에 담아두고 독자들과의 만남을 기약해야 한다

부족한 저의 시집을 감상해 주시는 모든 분께 행운을 드립니다

고맙습니다

2024년 11월

白愚 장운기

차 례

시인의 말 … 5

1부

찔레꽃 사랑 … 16
카네이션 … 17
붉은 철쭉 … 18
하얀 철쭉 … 19
겹벚꽃 이야기 … 20
보랏빛 세상 … 21
꽃길 … 22
저 꽃을 보라 … 23
마장공원에는 … 24
진달래 … 25
꿩 바람꽃 … 26
꽃바람 … 27
목련 꿈꾸다 … 28
코스모스 … 29
능소화 울타리 … 30
시월의 장미 … 31
세미원 연꽃 … 32
해바라기 … 33
채송화 꽃 … 34
능소화 꽃 … 35
나리꽃 … 36

접시꽃 … 37
밤꽃 향기 … 38
장미 시대 … 39
개망초꽃 … 40
나팔꽃 필 때면 … 41
꽃피는 여름 … 42
연꽃 피는 여름 … 43
애기똥풀 … 44
가을빛 … 45

2부

흔적 … 48
떠나는 봄 … 49
봄 안녕히 … 50
버찌가 익을 때 … 51
봄 봄 … 52
오월을 보내며 … 53
이야기 좀 하자 … 54
부끄러워하지 마 … 55
봄맞이 … 56
햇살 좋은 봄 … 57
낭떠러지 추억 … 58
매미의 삶 … 59
무더위 … 60
고장 난 달력 … 61
옥수수 … 62
여름비 … 63
비雨 마중 … 64
가을 속으로 … 65
휴식 … 66
보랏빛 가을 … 67
이별 … 68

노란 날 … 69
떠나자 … 70
부부의 사랑 … 71
아름다운 눈(雪)길 … 72
새벽 기도 … 73

3부

모카 골드 한 잔 ⋯ 76
여름 커피 ⋯ 77
인생은 가게 놔둬 ⋯ 78
커피가 좋다 ⋯ 79
조용한 커피 ⋯ 80
묵호항 추억 ⋯ 81
블루베리 스무디 ⋯ 82
창밖을 보는 남자 ⋯ 83
구름 라테 ⋯ 84
立春 전야 ⋯ 85
할 일 없는 남자 ⋯ 86
겨울 커피 ⋯ 87
겨울 바다 ⋯ 88
녹색 커피 ⋯ 89
엄마표 커피 ⋯ 90
아름다운 사람들 ⋯ 92
햇살 가득한 날 ⋯ 93
여기도 좋다 ⋯ 94
라테를 마시며 ⋯ 95
달콤한 향 ⋯ 96
꿀 아메리카노 ⋯ 97
아메리카노 ⋯ 98
커피가 예쁘다 ⋯ 99

4부

기다림 … 102
에미야 고맙다 1 … 105
보고 싶은 손녀야 … 106
만삭의 몸 … 108
출산 … 110
출생 … 111
세아야 … 112
출생 신고 … 113
에미야 고맙다 2 … 114
세아의 외출 … 115
세아는 공주 … 116
나와 봐 꽃 피웠어 … 117

5부

밤하늘 … 120
보리밭 … 121
자화상 … 122
버들피리 … 123
장수산 … 124
두물머리의 봄 … 125
며느님을 위하여 … 126
오늘 같은 날 … 127
기쁜 날 … 128
솟대 … 129
두물머리에서 … 130
기대해도 돼 … 131
강화 여행 … 132
나의 엄마 … 133
추석 … 134
친구 … 135
정 … 136
아라뱃길에서 … 137
여치 … 138
가을 강아지 … 139
사랑하는 사람들 … 140
여행지에서 … 141
나트랑 여행 … 142

세미원에서 … 143
양강 섬 … 144
또 만날 거야 … 145
소 코뚜레 … 146
두물경에 서서 … 147
편안한 두물머리 … 148
꽃밭에서 … 149
시작하는 거야 … 150
붉은 아카시아 … 151

1부

쌀쌀한 추위가 지날 때

꽃피우는 어느 봄날이 오길

목련은 꿈을 꾸며

깊은 사랑에 빠지고

찔레꽃 사랑

고사리손
한가득 꺾어 들고
하나씩 뽑아 씹어대던
아련한 추억 한 장

기억 속에
찔레순 꺾어 물으니
그토록 맛있고 귀하던 몸
관심 없는 세상이어라

하얀 꽃잎
환하게 웃을 때는
근심 하나 문밖에 내버리고
나도 웃으리라

그대에게
찔레꽃 피는 아름다운 날
꽃향기 그윽한
사랑을 드립니다

카네이션

엄마의 이름은
김영희
소녀의 이름이다

종순 엄마는
두 번째로 많이 불린
양평에서의 호칭

할머니로 됐고
그때부터는
동네 할머니로 불렸다

그 엄마가
아흔여섯 해 어버이날을
며느리의 인사로 미리 받으셨다

붉은 카네이션 들고
인사드려도 금세 잊으실 오늘
그깟 치매는 잊으시고
어머님 건강을 비옵니다

붉은 철쭉

벌 나비보다
많은 사람들이
더 신이 나서
웃음꽃을 피운다

만지지 말고
눈으로 품으라는
꽃의 부탁을 들었는지
콧구멍을 들이민다

붉은 꽃보다
아름답기 위해서
입도 눈도 크게 뜨고
별짓 다 해도

고상하게 피워 낸
어여쁜 이파리여
그대가 곁에 있어 줘서
오늘이 참 좋다

하얀 철쭉

어느 날 보았을 때
쥐 눈 만큼 뜨더니
벌 나비 찾지 않는
아파트 외진 구석에서
활짝 피웠구나

보라색 꽃이 피었지만
너는 당당한 자태를 폼내고
우아한 모습으로
그곳에 있었어

꽃잎을 만져봐도
마음속에서
자리 잡고 있는 넌
처음이야
예쁜 하얀 꽃

겹벚꽃 이야기

한적한 오후
화려했던 벚꽃은 지고
꽃술이 떨어지던 날

정답게 마주 잡은
손의 주인이 누구든 간에
잘 어울리는 시간

수봉공원의
짧은 산책로가 아쉬울 때
미소를 머금은 그대

바다가 보이는
전망대에 오르면
핑크빛 물결 가득하고

그대가 없었다면
꽃 한 송이 보지 못한 쓸쓸한
시간을 보냈으리

보랏빛 세상

그대가 있으니
내가 가야지

힘들고
고단한 여행도

아름다운
꽃잎의 손짓

보랏빛 세상에 들리는
탄성의 소리

예쁜 이파리에
찡긋 윙크한다

꽃길

진달래꽃이
거의 시들어 갈 때
원미산 진달래 동산을
거닐었다

흐드러지게 피었던
진달래보다
벚꽃이 날리는
예쁜 꽃 속에 서서

떠나려는 봄날
그 봄날을 하루만
빌려 쓰려는 詩人들
참 곱고 아름답다

꽃잎이 웃을 때
사람들도 웃더라
꽃잎이 질 때면
새들도 떠나더라

저 꽃을 보라

맑은 하늘
아름다운 세상

향기 따라
그대들 왔는가

파란색 하늘이
연분홍색 되던 날

늙은 소녀가
꽃 속에 파묻은 얼굴

하하 호호
웃음꽃 피울 때

저 꽃 속에서
그대가 보여

마장공원에는

마장공원에는
새벽부터 밤까지
운동하는 인파가
늘 붐비는 곳

하얀 목련이
피어날 때는
더 많은 사람들이
모여들고

매화꽃이
이제야 만발하니
꽃놀이 원정 못 간
그대여 짐 푸시게

아름다운 벚꽃이
만발할 때 그 향기에
한 번은 빠져들어
마음껏 취해보세나

진달래

그토록
기다린 세월

보고 싶었던
포근한 꽃

붉게 물들
뒷동산 언저리

봄날
진달래의 추억을

한 움큼
꺾었다

꿩 바람꽃

한 송이 꽃을 보기 위해
산속을 오르지 않으면 안 되고
정열을 다해야 볼 수 있는 꽃

사람들은
사랑을 위해 웃고 울지만
꽃은 깨우침을 주더라

좋은 사진기 앞세워
산속을 뒤지고 찾아내서
그대의 아름다움 고한다

하얀색 꽃잎의 사연이
덧없는 사랑이라니
이 봄이 그대를 사랑합니다

꽃바람

양지바른 곳
들새가 앉았던 곳에
노란 꽃이 피었다

한참 동안 기다리고
숨죽여 찾았던 곳에
노란 봄이 피었다

두 눈을 질끈 감고
바람 따라 걷다 보니
노란 꽃바람 피었다

목련 꿈꾸다

정월을 보내는
햇살 가득한 날
숨죽이고 조용한 목련은
낮 꿈을 꾼다

마실 나온 낙엽은
작은 소리에도
여기저기 산책하며
봄을 기다린다

쌀쌀한 추위가 지날 때
꽃피우는 어느 봄날이 오길
목련은 꿈을 꾸며
깊은 사랑에 빠지고

창밖에서 기다리는
목련의 친구들아
에스프레소 한 잔
함께 마시지 않겠니

코스모스

파란 하늘을
바라보는
너는 좋겠어

살며시 스치는
노을에도 춤을 추는
너와

황금 들판을
지켜가는 허수아비
그대처럼

가을 한 줌
주머니 속에 넣고
휘파람을 불겠어

능소화 울타리

몇십 년을
살아왔던 정든 땅
나무뿌리 만큼이나
깊이도 자리를 잡았던
소중했던 이 땅

재개발 역풍에 쫓겨난
사람들의 아우성 속
떠나간 사람들의 마음을
달래준 유일한 친구
꽃잎 하나 툭 떨궈주면

마지막까지 남아
울타리에 기대어 울어대는
그래서 더 붉은 꽃잎이여
그대 이름은 능소화

시월의 장미

수많은 인파가
찾았던 아름다운 5월의
꽃밭의 추억

높은 담장 위에서
고즈넉하게 피웠던 6월의 꽃
아 그리운 날이여

시월의 첫날에 피운
몇 송이 장미꽃이
그날을 회상하네

세미원 연꽃

한차례 소나기가
신나게 퍼붓던 날에도
세미원엔 수많은
인파가 북적대더라

붉은 꽃들이 드넓게
피어난 꽃 마당
그곳은 감격에 겨운
벅찬 가슴이었지

칠월을 대표하는 꽃
세미원의 꽃들이
가벼운 콧바람에도
춤사위를 펼친다

해바라기

그대의
모습이
꼭 나를
닮았구려

지금처럼
활짝 웃는
그대가
예뻐요

채송화 꽃

고향 집 안마당
봉당 아래 양지바른 곳
해마다 선물해 주는
예쁜 채송화 몇 송이

아무것도 아닌 양
조용히 자라나서
식구들 보란 듯
노란색 분홍색 보라색

옹기종기 모여 앉아
꽃피우고 대화 나누는
너와 나는 한식구였지
그때는

능소화 꽃

두물머리 오솔길
고목에 매달려
멋지고 아름다운
멜로디로 사로잡는
트럼펫 소리

저 소리면
수종사까지 들리려나
두물머리 찾은
그대여 잘 오셨소

강물이 감동하고
새들도 찾아오는
정겨운 오솔길
능소화 꽃 춤추는 이곳으로
그대를 초대합니다

나리꽃

구름 몇
두둥실 떠가는
하늘만 쳐다보며
살아가는
정열의 꽃

기다리는
벌나비 오지 않고
늙은 고양이만
딴청 피우며
지나가는 한낮

예쁘게 피고
우아하게 피었음은
변함없는 사랑
너의 자존심이잖아

접시꽃

올망졸망
예쁘게도
피었다

하나 둘 셋
너희는 새하얀
꽃이구나

거기서
날 유혹하려
바라보는 거니

밤꽃 향기

충청도 공주에서
밤농사를 짓는
시인 농부는 요즘
붉은 알밤의 꿈을
꾸고 계실지 몰라요

공주에 가면
온 산천이 황금빛으로
물들 때 그들은
붉은 가을을 꿉니다

유기농만을 고집하는
시인의 농심처럼
예쁘고 큼직한 알밤
이름 걸고 추천합니다

장미 시대

울타리 너머로
고개를 내민
아름다운 그대여

붉게 물들어
수줍은 모습으로
마주한 그대여

어쩌면 속마음
들켜버린 여인처럼
앙증맞은 그대여

사랑하고
예뻐하라
장미의 시대

개망초꽃

너는 그래도
참 좋은 곳에
자리를 잡았다

호반을 내려다보고
지나는 이
손길도 받고

부러울 것 없는
이곳의 주인이
바로 너였구나

흐드러지게 핀
꽃들의 만찬은
아름다움이어라

나팔꽃 필 때면

참나무 가지
술렁술렁 잘라다가
울타리 옆에 쌓아 놓은
공터에 주인인 양
슬금슬금 올라간다

푸른 하트를 만들며
뭇 사내의 마음을
흔들던 그녀는
보라색을 좋아해서
하트를 그렸다

나팔꽃 필 때면
어김없이 찾아오는
짙푸른 이파리와
보라색 꽃잎을 그리면
그녀는 사랑에 빠진다

꽃피는 여름

활짝 핀 저 꽃은
보랏빛 여름을
즐기기 위한
아름다운 전조곡

여름꽃
어디 그대 뿐이런가
양평의 어느 촌락에
이 꽃이 피었다

처음에 보았을 때
입으로 보았고
눈으로 말했고
키스를 했었지

조금 이른 여름이다
그러나 봄은 죽었다
봄꽃은 사라지고
꽃피는 여름이다

연꽃 피는 여름

연잎 위에
조용히 쉼 하는
청개구리 한 마리

초롱초롱
맑은 눈과
청아한 색상

연잎에 세 든
한 줌 샘물에 풍덩
몸 담글 때면

연꽃 한 송이
곱게 피어나
속삭이는 하루

애기똥풀

습하고
그늘진 곳
그대의 삶은
그런 곳인지

그대의 꽃잎은
누구라도
쳐다보지 않을 수 없는
밝은 마음

가지 하나
툭 꺾으면
노란 피를 흘리며
흐느껴 우는 꽃

그대의 속마음
뉘라서 알까
몰래 주는 사랑
어미의 사랑을

가을빛

가을을 보려는
인파가 넘치던 어느 날
텀벙 그 속에
나도 빠졌다

보라색 꽃들의
향연은 덤이고
붉은색 노란색 하얀색
한군데 어울리던 날

여기가 천국인지
아니면 극락인지 모를
환락의 가을빛은
나를 오라 손짓하네

2부

모래알보다 많은 별들이

어두운 하늘을 밝혀주는

아름다운 시간이여

흔적

여린 바람에
온몸을 맡기고
세월이 흐르는 대로
가련다

사월의
이른 새벽
화려했던
기억은 잊거라

길바닥에 주저앉은
그대에게 묻노니
어디쯤 가고 있나
저 꽃송이 어쩔 텐가

누가 매정하게
흔적을 지우나
그런다고 봄이 가겠나
여름이 빨리 오겠나

떠나는 봄

노란색
꽃이 피면
봄인 줄 알았어요

분홍빛
꽃잎이 피면
사랑할 줄 알았어요

어느새
창밖 뜰에는
보라색 꽃이 피고

붉은 아카시아꽃이
예쁘게 피려고
기다리고 있거든요

봄 안녕히

화려한 봄을
재촉하며 피운 꽃
하얀 벚꽃
더 하얀 목련꽃

연분홍빛 진달래
샛노란 개나리
봄의 귀환을
축하하던 날

꽃잎이 여행하는
하얀 모습을
나는 보았네
봄을 보냈네

버찌가 익을 때

먼 산
흐드러지게 피었던
하얀 산벚꽃이 피고 지면

뽕나무 가지에
오디가 익어갈 때쯤
뻐꾸기 노래 정겨워라

하늘을 본다
맑고 쾌청한 하늘에
구름 한 조각

버찌가 익어가는
한적한 촌락의 평화는
아름다운 고향이어라

봄 봄

야산에서
들녘에서

제멋대로 피어난
봄꽃이여

화려하지 않고
모나지도 않은

그대의 이름은
봄 봄이어라

오월을 보내며

춥거나 말거나
꽃잎은 피고 지고
새들은 노래한다

오월의 끝자락
사랑하는 새끼를 부양하는
모정을 본다

작은 동산
숲이 우거진 밤나무 위에
분주한 눈동자

오월을 보내는
촌락의 낡은 지붕 아래는
어미의 숨이 찬다

이야기 좀 하자

꽃들은
여기저기
만개하고

죽어 자빠진
가지 끝에도
새싹 틔우는데

서둘러야겠어
따듯한 봄
또 왔을 때

볕 잘 드는
수양버들 아래서
이야기 좀 하자

육십 년 넘긴
주마등 같은 세월
잘 살아왔는지

부끄러워하지 마

너를 보려면
하늘을 보게 되고
네 곁에 있으면
마음이 곱구나

순백의 모습
봄이니까 볼 수 있어

가을에도
하늘을 볼 때면
네가 생각날 거야
목련꽃 피는 가을

우아한 품위가 너잖아
부끄러워하지 마

봄맞이

봄이
별거인가

저기
진달래처럼

화사하지 않게
피어나고

향기
없이도

저리도 많이
찾는 봄

진달래꽃과
봄맞이하자

햇살 좋은 봄

황사도 없고
미세먼지도 없는 날
잠시 산책하며
봄날을 즐긴다

가끔씩 들려오는
텃새들의 정겨운 노래
햇살 좋은 축시의 시간
행복한 봄날이여

잘 꾸며진 둘레길
몽우리 진 꽃망울 보며
기대하는 봄
기대해도 될 봄

노란색 보라색
봄이 오고
향기가 없는 듯
진달래꽃 피는 봄

낭떠러지 추억

놀이터도 없고
놀이기구 하나 없던
조그마한
산골 마을에는

뛰는 곳이 세상이고
앉는 곳이 세월이던 시절
소나무 위에 앉아
놀이하던 그곳에

봄이 되면
찾아오는 노란 꽃
5반에서
4반으로 가는 길가

낭떠러지를 지켜가는
생강나무꽃
그 꽃
지금도 피었는지

매미의 삶

고된 몸뚱어리
벗어던진
지금 기분이
어떤지 몰라도
고생했어

그대의 삶이
고달플지라도
재미없을 거래도
하루하루를
응원합니다

얼마나
기다렸는데
기억도 모를 세월은
야속하게도
또 떠나라 하네

무더위

매미도 지치고

잠자리도

날개를 접은

후끈한 오후

고들빼기 꽃이

활짝 피웠다

고장 난 달력

시간이 없다고
서럽게 울어대는 매미들
그러나 누구보다
아름답고 예술적으로
불러대는 가창력은
귓가를 즐겁게 한다

여름이 아니면
들을 수 없는 정겨운
목소리의 주인공이 아닌가
일주일을 위해
7년이란 세월을 공들인
그대에게 경의를 표한다

달력을 넘기지 못하고
간절한 이야기를
들어주며 시간을 멈추려
스스로 고장을
내었는가 보다

옥수수

툭
경쾌한 소리가
좋다

어느새
늙으려 하는
마음

툭
아름다운 소리가
좋다

붉은 수염
바람에 흐느적
대면

여름이
가마솥 속에서
익는다

여름비

장산으로
하늘을 가리고
오늘은
땅만 보기로 했다

검은 우산 위로
떨어지는
리듬 소리가 좋다

땅바닥으로
추락하는 빗방울
살아서 살아나서
동무들을 만나면

검은 우산이
덩달아 덩실 더덩실
춤을 춘다

비雨 마중

차창 밖으로
내리는 빗줄기가
유혹하는
고즈넉한 시간

차창 밖으로
보이는 숲속이
유혹하는
아름다운 시간

차창 밖으로
찾아오는 그대가
유혹하는
미칠 것 같은 시간

차량 밖에서
아우성 지르는 저들은
누구를 위한
노래를 부르는가

가을 속으로

작은 바람에도
가을은 춤춘다

실바람만 지나가도
가을은 노래한다

떨어진 낙엽이
겨울을 노래할 때

노란 세상은
아마 천국일지 몰라

휴식

가을볕이
고즈넉하게 내려앉은
꽃잎에

휴식을 즐기는
여치 한 마리의
평온한 시간

꽃잎에 기대어
붉은 노을 볼 때면
노래를 부르겠지

보랏빛 가을

우연히 하늘을
보았을 때
그 하늘에
돌다리 하나 없으면
서운했었지

끝이 보이지 않는
드넓은 대지가
모두 꽃밭이라면
풍덩 빠져들어
잠들고 싶은

붉은 대지의
유혹에도
변함이 없을 거야
사랑해
보랏빛 가을

이별

한 해가
소리 없이 떠날 때

아름다운 추억을
기억하고

남겨야 하는 건
나의 몫이려니

금빛 세상
금빛 시간

짧은 만남은
이별도 따듯한 거야

노란 날

작은 마을에서
축제가 열린다
의자 수보다
훨씬 적은 관중들은
앞에서 열연이
흘러나오는 소리에
손 번쩍 몸 번쩍
들었다 내린다

은행잎 잘 익은 마을
하나둘 떨어지는
가을 잎이 예쁜 길
노란 코스모스길
이 길 가는 곳에
아름다운 그녀와
함께였으면

떠나자

바람 부는
날에는
떠나자

황금들판
허수아비
다 두고서

구름 타고
나비 타고
떠나자

부부의 사랑

금실 좋은 부부가
아침부터 활짝 피었다
뜨거운 한낮에도
곁에 있어 주는 모습이
예쁘다

사랑하는 부부가
잠자리를 초대했다
늘씬하게 생긴 꼬리가
가을 노래 부르며
날아간다

하늘바다를 보며
풍덩 빠져 허우적대도
동심을 그리고 싶을 때
부부는 또 꽃을 피운다

아름다운 눈雪길

아침에 일어나
창밖을 보니
온 세상이 하얀 꿈속이다

한여름 숨도 못 쉬도록
푹푹 쪄대던 저 하늘에서
눈이 내려옵니다

그녀와 함께
석양빛 즐기던 추억의
호숫가에도 내리겠지요

다시 와보고 싶다던
그대의 따듯한 손 잡고
천천히 걷고픈 눈雪길

새벽 기도

모래알보다 많은 별들이
어두운 하늘을 밝혀주는
아름다운 시간이여

붉은 바다를 바라보며
간절히 기도하는 모습이
아름다운 사람이여

높은 산 정상에서
찬바람 헤치고 솟아오르는
일출의 장엄함이여

한마음으로 누군가를 위해
간절히 기도하러 오르던
찬미讚美의 기억

캄캄하고 어두운 길
새벽길에 동행하는
그대는 친구입니다

3부

예쁘게 유혹하는 오후

조용한 카페

연한 아메리카노 한 잔

어울리는 봄이다

모카 골드 한 잔

낮 기온은
어떨지 몰라도
아침은
쌀쌀해요

이럴 때
생각나는 그대여

오늘도 함께
따듯함 나누는
종이컵 속
모카 골드 한 잔

여름 커피

슬금슬금
바다를 따라 나간
갈매기와

배웅하고
돌아온 돌게 몇 마리
휴식의 시간

강화 갯벌이
다시금 가슴에 출렁일 때
사랑에 빠지고

잿빛 하늘과
은빛 바다가 손짓하는
아름다운 곳

그대께서는
고즈넉한 눈빛으로
여름 커피를 마신다

인생은 가게 놔둬

우리가
얼마나 산다고
아웅다웅하는지
인생은 새옹지마 塞翁之馬

산속 깊숙한 곳에서
홀로이 핀
꽃 한 송이도
우아한 자태이건만

그 자태를
흉내 내는 못난이들
따듯한 커피 한잔으로
위안을 삼으시길

인생은 가게 놔두고
마음은 내려놓고
함께 가는 거야
웃으며 사는 거야

커피가 좋다

바다가 보이는
카페의 정원에서

외출 나간
바다를 본다

물이 없어도
바다인데

소나무 숲길로
빼꼼히 내민 갯벌

그대를 보며
후루룩 또 마신다

조용한 커피

햇살이 가득한
실내의 고즈넉함
커피 향 가득함에
기분이 참 좋다

따듯한 봄볕을
맞으며 웃는 사람들
노란 산수유꽃
백목련 몽우리

예쁘게 유혹하는 오후
조용한 카페
연한 아메리카노 한 잔
어울리는 봄이다

묵호항 추억

겨울이 다 지나가고
어쩌다 남은 추위에
묵호항이 눈 속에 묻혔다

사랑하는 사람들과
웃음이 끊이지 않고
함께여서 더 좋던 날

고즈넉한 묵호항은
아름답고 친절하고
여행하기 좋은 곳

이곳저곳 둘러보고
지친 몸 가누며
마셔보는 커피 한 잔

블루베리 스무디

왠지 요즘은
커피가 너무나 쓰다
중전마마께서 드셨던
사약만큼이나
쓰다는 느낌이다

그래도 커피가 좋다
붕어빵 한 입 깨물고
빨간 입술로 마시는
김이 모락모락 오르는
밀크커피가 아니어도

그대여 오늘은
유리잔에 빨대 꽂아
목구멍 깊숙이 넘기는
시원한 블루베리 한 잔
달콤하게 마셔요

창밖을 보는 남자

촉촉이 젖어 드는
빗물은 봄기운과 놀자 하고
성급한 꽃망울은
실눈을 뜰까 말까

아직은 아직은
봄이 아니요
복수초 피었다는 뉴스는
듣지를 마세요

창밖을 보는 남자는
어쩌다 찾아오는
텃새가 오지 않을 때
종이컵 속 커피만
후루룩 마신다

구름 라테

바다를 본다
흙빛 희뿌연 바다에
강화도 석모도가
텀벙 빠졌다

찰랑대는 물결
통통배 떠 있는 바다에
갈매기 몇 마리
끼룩끼룩 노래한다

사랑하는 사람과
함께 와도 좋고
동네 친구와 와도
좋을 바다 카페

고즈넉한 오후
구름 라테 한 잔씩 마시며
지난 얘기에 웃는다
그대도 나도

立春 전야

잿빛 지붕이
잔뜩 내려앉은 오후
고즈넉한 카페에서
어김없이
또 커피를 마신다

하루에 한 잔
아메리카노를 마시는
내가 고맙다
우연히 다시 마실 때면
스무디나 과일 주스를
주로 마신다

내일이면 봄이 온다는데
복수초 나오려나
꿈틀대며 깨어나려나
따듯한 커피 향 보내주면
그대 봄 오려는가
立春 전야 즐기려나

할 일 없는 남자

아침 9시에 일어나
아무도 없는 집에서
속옷 차림으로 어슬렁대다
세안을 한다

맑아진 정신으로
구석구석을 청소하고
걸레질하며
심심을 단련시킨다

할 일이 없는 남자는
한가한 시간엔 물을 끓여놓고
봉지 커피 하나 종이컵에다
맛있게 타서 마셔야겠다

어쩜 오후에는
매화나무는 눈을 뜨는지
앵두나무는 잘 있는지
잠깐 얘기나 하다 와야겠다

겨울 커피

커피잔에서 김이 모락모락
피어나면 추운 겨울이라도
가끔은 따듯한 봄날의
아지랑이가 생각이 난다

어느 날 황후가 마셨다던
사약만큼이나 쓴 커피를
내 목구멍으로 들이키며
뷰 좋은 곳 감상에 젖는다

언 손등을 호호 불며
챙겨온 커피가 식어가기 전
두물머리 삼매경에 빠진 그대와
의자에 앉아 마신다

북한강 남한강 아름다운 강
두물경 경치에 첨벙 빠지고
등대에 기대어 마시는 커피
그대가 있어 더 좋다

겨울 바다

찬바람만 윙윙대며
갈매기를 부르던 바다
창밖의 겨울이 아름답다

갯벌이 속살을 드러내는
오후에도 커피를 마셔야 한다
아메리카노 한 잔이

바다와 잘 어울리는
멋도 맛도 색다른 느낌
그 맛에 빠지는 오후

노을이 아름답고
낭만이 넘치는 섬
커피잔에 바다를 섞는다

녹색 커피

맛이 어때?
옆자리에서 수다를 동반하며
물어온다

의무감으로
마시는 커피인 양
꾸역꾸역 녹색을 마신다

차 한 잔 속에
구름 한 조각 넣어
작은 행복을 만들고
녹색 커피에 빠진다

엄마표 커피

함박눈이 펑펑 내리는 날에
세상에서 제일 젊으신
엄마를 보러 왔다

커피 마실래?
엄마는 늘 그렇게 아들에게
손수 커피를 타 주시는 분이다

눈이 많이 내리면
엄마 나 오늘 못가요
전화라도 해야 하는데
목구멍이 잠을 잔다

커피믹스 한잔에
수많은 이야기를 담아
쭈글쭈글한 손으로
전해주시던 우리
엄마
올해 아흔여섯이 되셨다

젊으신 엄마는

치매라는 병명도 모르고
늙어서 이곳에 왔나 보다
생각하시니 자식이 죄인입니다

엄마는 젊었습니다
치매가 오기 전 여든셋 나이에는
유모차 밀고 다니셨지요
그때 마신 커피믹스가
지금도 달콤합니다

사랑하는 엄마
수천 번을 부르고 외쳐도
다시 부르고 싶은 엄마
엄마표 커피
또 마실 수 있을까요

아름다운 사람들

파란 하늘을 따라
달리고 달려가서
새해 들어 첫 만난
아름다운 사람들

떼 지어 날아가는
기러기들처럼
우리도 그렇게
예쁘게 만났지요

맛있는 점심과
행복한 시간은 덤이요
재미있던 얘기들은
예쁜 커피잔에 담아 놓고

언제나 또
만나려나 기다려지는
아름다운 사람들
행복합니다

햇살 가득한 날

창밖에 보이는
하얀 설경은
누구의 작품인가

밤새 그려냈을
수고로움에 감사하며
커피를 마신다

햇살 가득한
오후의 시간
나른한 저 고양이처럼

늘어지게
편안한 이 시간의
커피가 난 좋다

여기도 좋다

덜덜덜 차를 몰고
남한산성을 넘어
경치가 좋은 찻집에서
커피를 시킨다

잔잔히 내리는
빗줄기는 덤일 테니
천천히 즐기면서
한 모금 마신다

그대들과 함께
다시 한번 찾아오고 싶은 곳
예쁜 집 카페뷰
여기 참 좋다

라테를 마시며

비가 올 것도 아니면서
눈이 내릴 것 같은
우울한 날씨

유리 벽 밖으로
시선을 돌리면
별들이 서로를 부른다

진하고 달콤한
라테 향에 익어가는
겨울 속 설화雪花처럼
예쁘고 아름답다

달콤한 향

찬바람이
솔솔 불어오던
어느 바닷가

뷰가 좋은
창가에 앉아
겨울을 본다

달콤한 향
가슴을 타고 들어오는
진한 라테의 맛

그래도 커피는
얼음이 들어간
시원한 맛이어라

꿀 아메리카노

처음으로 마셔보는
꿀 아메리카노
가늘고 길쭉한 찻잔 속
커피 향이 잔잔하다

처음으로 마셔보는
이 커피의 맛은 어떨까
기대 반 궁금 반으로
입술을 포갠다

창밖에 펑펑 내리는
함박눈이 운치를 더해주는
겨울의 맛있는 추위가
찻잔 속에 들어왔다

달콤한 커피 향
꿀 아메리카노
함박눈 바라보면서
함께 드실래요

아메리카노

아지랑이 닮아
모락모락 피어오르는
찻잔 속 커피 향이
구수하니 예쁩니다

쓴 커피를 마시냐고
묻지 마세요
아메리카노 한 모금은
뜨거운 사랑이지요

빗줄기가 내려서도 좋고
흰 눈이 펑펑 날리는 날에도
커피 향이 그립습니다
그때는 함께해요 우리

커피가 예쁘다

모락모락
추위를 몰아내는
커피 향이 좋다

검푸른 바다가
예쁜 찻잔에 빠져들어
목구멍을 적신다

구름 한 점 없는
하늘은 덤이고
예쁜 커피는 사랑이어라

4부

이제 어엿한 존재로
세상의 주역이 되어라
예쁘고 당찬 너의 인생을
끊임없이 응원한다
사랑한다 세아야

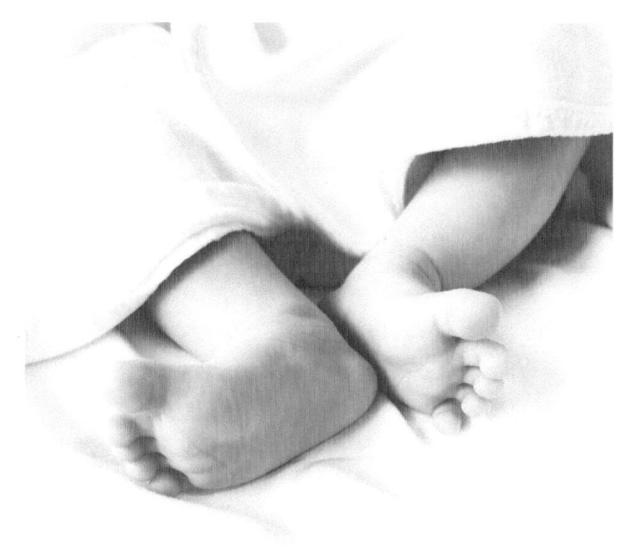

모델 _ 장세아

기다림
−나의 손주

너를 보았단다
탯줄에 의지해 콩닥콩닥
숨 쉬며 세상을 기다리는
너를 보았단다

어미로부터
아비로부터
너의 소식을 전해 듣던 날
할아비는 울었단다

여아인지 남아인지도
모르는 채 아주 작은
생명체를 처음 보았을 때도
할미는 많이 기뻐했단다

어미에게 말했다
건강한 아이로 잘 보살펴서
우리가 세상에서 만나 볼 때는
건강하고 예쁘고 착한
아이였으면 좋겠다고

너를 기다리는 시간이
어쩌면 그렇게도 많이 길던지
송송이라 한다지
너의 태교 이름이

할아비도 그 이름 맘에 들어
자연스레 부르게 되었어
네가 세상에 나오면
진짜 너의 이름을 지어줄 거야
아름답고 예쁜 이름으로

오늘 너의 아비가
전화했더구나
아마도 3주 정도면
출산할 거라고
그 목소리에 기쁨이 있더라

그래, 우리가 모두
너를 애타게 기다린단다
보고 싶은 급한 마음보다는
어미의 건강과 너의 건강을

소중하게 생각한단다

엄마와 함께 건강하게
잘 지내고 있다가
우리 웃으면서 만나자꾸나

에미야 고맙다 1

그 열 달
혼자가 아닌
둘의 몸으로 견디어낸 세월
남들은 금방 지나간다고
듣기 좋게 말들 하지만
난 안다
그 열 달이
얼마나 힘들고
고통스러웠는지를

에미야
고생 많았어
사랑하는 사람과
신혼을 시작하고
이제는 어엿한 가족이라는
진정한 울타리를 만들고
일주일 후면
엄마로 아빠로 만나겠지
세 식구 행복으로 살 거야

보고 싶은 손녀야

너를 기다리는 동안
할아비는 내내 좋았단다
이제 우리 만나자꾸나

오래 걸리기는 했어도
기다림의 시간이
즐겁고 행복했어

너의 첫 소식을 듣고도
온 가족이 함께 무척이나
행복해했었지

며칠만 기다리면
너를 만날 수 있다고
너의 아비가 그러더구나

기대가 된단다
예쁠 너의 모습도 그렇고
예쁜 미소도 미리 보인단다

아가야

보고 싶은 손녀야
하루빨리 보고 싶구나

며칠 더 건강하게
어미의 품에서 쉬다가
곧 만나자꾸나

만삭의 몸

며칠 전부터
예쁜 며느리가 아들과
집에 온다고 했다

자주 왔던 터라
딱히 준비할 건 없지만
기다려지는 사람들

우리 집 며느님은
지금 임신 만삭 중이라
온 집안이 비상이다

출산 예정일이
일주일도 안 남았는데
시부모를 보러 온단다

추석 명절이 사흘 남았는데
무거운 몸으로 온다고 하니
오라 할 수도 오지 말랄 수도

향기 좋은 꽃을 사려다가

새아기 알레르기 올까 봐
눈으로만 가득 담아왔다

출산

산부인과 병원에
새아가는 남편의 손을
꼭 잡고 들어갔겠지

남산만큼이나
부른 배를 부여잡고
어기적 걸었으리

엄마가 되고
아버지가 된다는 건
행운이고 행복이다

산모의 고통 속
아기의 출생은
양가의 축복이란다

갑진년甲辰年 청룡의 해
오곡이 익어가는 추수의 계절
최고의 경사구나

출생

그래 세상에 오느라
고생 많았다
무척이나 보고 싶었어

오후 9시 04분에
네가 태어났다고
연락이 왔단다

그리고 그리고
너의 예쁜 모습을
드디어 보았어 보았어

산모와 아이가
모두 건강한 게 제일이지
사랑한다 사랑해

아버지가 되고
엄마가 되니
이제 완성체가 되었구나

세아야

세아야
너를 본 지가 며칠이나
되었다고 또 보고 싶구나
잠깐 동안 보고 왔더니
여운이 많이 남아서
지금도 할아비 마음은
너에게 달려간단다

세아야
네가 살포시 뜬 눈으로
바라볼 때는 그 모습이
얼마나 예쁜지
세상의 모두를 너에게
준다 해도 아깝지 않을 거야
보고 싶은 내 손주
세아야 오늘 처음으로
너의 이름을 불러본다
우리 언제 또 만나지?

출생 신고

들뜬 마음이
역력하게 들리는 목소리
아버지
세아 출생 신고 했어요
그래 잘했다

세아의 이름을 지으며
얼마나 기쁘고 행복했을까
세상에 너의 이름을
아로새겨 큰 사람이
되라는 뜻이라지

이제 어엿한 존재로
세상의 주역이 되어라
예쁘고 당찬 너의 인생을
끊임없이 응원한다
사랑한다 세아야

에미야 고맙다 2

똘망똘망하고
예쁜 천사 같은 아이
볼수록 아름다운
눈빛 속에 빠진다

흐드러지게 핀
구절초나 살살이꽃
사람들 유혹해 봐도
우리 아이만 못하더라

아이가 태어난 지
벌써 20여 일이 지났구나
세아 에미야 고맙다
그래그래 고마워

세아의 외출

어디로 가는지
누구와 함께인지
세아는 모르지만

그곳은
너의 엄마가
가장 편안한 곳이란다

세아의 인생에서
첫 외출이 외가댁인 것은
참 잘한 선택이었어

붉게 물들어 예쁘고
네가 있어 아름다운 곳
세상의 주인은 너야

세아는 지금
백 년의 꿈을 꾸잖아
그 꿈 응원할게

세아는 공주

새록새록 잠든 모습이나
방긋방긋 웃는 미소는
세아의 아름다운 미래

세상에서 가장 예쁜
세아가 아른대는 시간은
덧없는 행복이란다

사랑하는 세아야
우리 시간이 조금 더 지나서
네가 한 살이 되거든

할아비 할미와 함께
뭐든 얘기하지 않으련
공주의 첫 소절紹絕은 뭘까

나와 봐 꽃 피웠어

아가야
나와 봐 꽃 피웠어
봄부터 움츠리고 있던
가을의 들꽃이 피었어

아가야
아장아장 걸을 때
그때는 할머니 손잡고
꽃구경하러 가자꾸나

너는 큰 선물이고
집안의 보물이잖아
너를 보고 있으면
그냥 미소가 생겨서 좋아

아가야
나와 봐 꽃 피웠어
봄부터 너를 위해 준비한
가을의 들꽃이 피었어

5부

한적한 나루터에서

차 한 잔 시켜 놓고

기다리는 시간이 얼마나

길었던지 모릅니다

밤하늘

유년 시절
아무 곳에나 서서
올려다보면
별이 쏟아지던 곳

달맞이꽃
밤새워 피웠다가
아침이면 잠들던 곳
계정리의 밤이여

달빛 하나면
돌부리도 피하며
수십 리 길 오가던 곳
고향의 밤이여

관솔불 하나로
밤고기 잡아먹던 시절
사랑방에 모이면
웃음도 재미도 많았었지

보리밭

유년 시절
보릿고개 생각하면
맛이고 멋이고
팽개칠 보리

푸른색이 좋고
쭈뼛한 이파리도 좋은
긴 수염 그리운 날
예쁜 미소 짓는다

보리 개떡 하나
어쩌다 먹으면 구수한데
울컥 치솟는
설움은 왜일까

노랗게 익은
저 보리밭 언저리에
오늘은 낫 대신
렌즈를 가져갑니다

자화상

긴 세월
흔들림 왜 없었겠나
비 오시는 것처럼
눈 내리시는 날처럼

어디
맑은 날만 있었겠냐만
이겨내고
견뎌온 세월처럼

그 짧은 인생길
조금만 베풀며 산다면
덧없는 인생길
행복하지 않겠나

살아온 내 인생을
몇 글자에 담을 수 없으니
나에게 감사하고 고맙다
그래 잘살았어 토닥토닥

버들피리

긴 머리
축 처진
버들가지 하나
꺾어 만든 작품

유소년 시절
뭐 소중하다고
잠이 들 때까지
들고 있던 버들피리

오랜만에
멋있게 잘 만들어
기교 없이 불었다
그때와 그럴씨하다

장수산

몇 년 만에 올랐다
작은 산이라서
라이딩 코스로 오르던
산이기도 했었지

여기에서는 볼거리가
참 많았었지
남산 서울타워와 백운대
계양산을 둘러보는 재미

쏠쏠한 기분은 사라지고
잘 지었다는
아파트에 세상에 갇혔구나

일출도 전망도 사라진
터줏대감 장수산이
눈물을 흘리더라

*장수산 : 인천 부평구에 있는 작은 산.

두물머리의 봄

두꺼운 얼음장으로
온몸을 감추고 혹여나 상할까
다치지나 않을까
겨우내 노심초사하시던
할아버지(느티나무)

두물머리에 봄이 오려나
미루나무 위에
까치집도 완성이 되고
북한강 남한강으로
흐르는 젖줄의 힘찬
콧노래 소리가 정겹다

거북섬에서 들려오는
예쁜 봄의 소식
큼직한 핫도그에 걸맞은
아메리카노 한 잔
꿈길 같은 아름다운 이 길
그대와 거닐고 싶다

며느님을 위하여

민족 고유의 설 명절
아내는 설 준비에 바쁜 날을
보내고 행복한 설빔을
혼자서 준비하는 중이다

몇 년 전부터 우리 집은
제사를 지내지 않는다
그런데 음식을 만들며
기쁘게 준비한다

며느님을 위하여
시어머니 표 음식을 만들고
며느님을 위하여
웃음을 만들어야 한다

아들네 가정을 위해서
우리 집 평화를 위해서
뭐든 해야 하는 시대
우리는 행복해야 한다

오늘 같은 날

따사로운 햇살이
창살에 촘촘히 떨어진 날
두물머리 한적한 나루터에서
커피 한 잔 마신다

가물가물 보이는
기러기들 한가한 오후
달콤한 커피 한 모금
목구멍으로 넘기고

보일 듯 말 듯 찰랑대는
은빛 물결이 아름다운
두물머리에서 아메리카노 한 잔에
사랑이 꼬물거리겠지

한적한 나루터에서
차 한 잔 시켜 놓고
기다리는 시간이 얼마나
길었던지 모릅니다

기쁜 날
−결혼식

화려한 조명빛과
예쁘게 장식한 꽃
촛불로 밝힌 축복의 길

신랑 신부의
아름다운 웃음으로
행복한 신혼길 시작점

수많은 하객들
축하의 박수로 걸어가는
한 걸음 또 한 걸음

사랑으로 만난 연인들
아름다운 인연이 되었으니
백년해로百年偕老하리라

솟대

비가 내리신 날에는
하늘도 내 마음도
비어 있는 듯한 시간

한적한 마을
갈림길마다
세워진 예쁜 솟대들

매화꽃 그려 넣은
운치 있는 센스에
기분 좋은 일 있겠다

저기 솟대 위에
하얀 눈 소복 내리는 날
그날도 웃음꽃 피겠지

두물머리에서

강물 위로 떨어지는
아름다운 보석들

영원히 빛나기를
시인의 마음으로
사랑으로 기도할 때

바람에 꺾이고
빗물에 발 동동거려도

그대와 함께
찾아오고 싶은 강
여기 두물머리

기대해도 돼

사랑하는 그대가
순간 내 곁에 있어 줘서
울컥했어

수많은 꽃들이
내 곁에 즐비하게 있어 줘서
울컥했어

흐르는 바람결에
꽃향기가 훨훨 떠나가도
그대 이름은 남겠지요

푸르른 하늘 아래
핑크빛 핑크뮬리 세상
여기 기대해도 돼

강화 여행

덜덜대는 차량으로
멋진 가을날을
만끽하러 떠난다

좁은 바다를 건너
뻥 뚫린 도로를 달려
도착한 화개정원

입장료 내고
모노레일 타고
스카이에 오른다

서해 바다
북녘땅 하늘은
만남의 보너스

이 작은 섬에
황금 평야가 있으니
교동은 축복의 섬

나의 엄마

치매 증세는
별거 아니야
건강하신 몸이
자식들을 안심시켜
주시잖아

추석 명절에 모셔서
맛있는 음식을 드리고
자식들 손주들
한자리에서 인사드리니
기분 좋아하신다

여기는 누구네 집이냐
네가 둘째냐 막내냐
그래도 좋다
또 물어보셔도 좋다

사랑해요 엄마

추석

유년 시절
양동에서 지내던
추석이 생각난다

어렵고 힘들던
시절이라도
명절은 왔다

엄마는 고단해도
기름진 음식을 하셨고
식구를 챙기셨다

긴 세월을
감내하시던 엄마를 위해
둥근달아 떠라

사랑하는 가족이
모이는 오늘 밤
우린 행복할 거야

친구

늙어서 봐야
아름다운 벗이여
세월의 무게를 짊어져
처진 어깨도
멋진 사람

주름진 모습
검버섯 생긴 손등은
삶의 흔적이니
별자리보다
친구가 좋다

정情

그대 곁에서
머물던 시간을
생각해 보니

여전히
낙엽처럼
가득 쌓였답니다

아라뱃길에서

바람이 조금만 불어도
안고 가야 하는
쉽지 않은 라이딩

김포 고촌에서
인천 정서진까지
페달을 밟고 가야 한다

붉게 물들어 아름다운
서해 하늘을 친구 삼고
달리고 달리다 보면

힘들고 지칠 때
길가에 황하 코스모스
응원은 선물이고

검암역 가기 전
아라마루 전망대는
아라뱃길의 상징이어라

여치

사람들보다
자동차가
많이 지나가는
풀숲 언저리
어느 길 가
노란 꽃잎
화려하게 피우고
누구를
마중하러 왔나
궁금한 시간
내가 보고 싶다네

가을 강아지

여름에는
보이지도 않았어
햇살 가득하던
뜨거운 한낮에도
굳건한 모습들이
가을을 만든 거야

저 높은 바다에 빠진
구름처럼
나뭇가지에 걸린
바람처럼
야무지게 익어가는
강아지풀

사랑하는 사람들

여행을 다니면서
잠시 숨을 고르고
지나온 과거를 회상하며
가족의 화합을
만들어 가는 가족

옥수수 꽃대 위에서
편안하게 쉬어가는
잠자리처럼 행복을 꿈꾸는
사랑하는 사람들

사랑하는 사람들이
한 지붕 아래 살아가면서
함께 정을 쌓아가는
우리는 가족입니다

여행지에서

처음으로
비행기를 함께 타는
가족여행을 왔다

야자수의 거리
에메랄드빛 바다의 풍경
가족의 행복 나누기

아내가 소원하던 여행
꿈처럼 이루어지던 날은
행복한 가족 여행이었지

짧은 시간 긴 여운은
속도감 없는 비행기보다
훨씬 빠르구나

나트랑 여행

에메랄드빛 바다가
아름답게 펼쳐진
아름다운 나라

야자수 나무가
바다를 지켜가는 해변이
아름다운 나라

비행기 타고
몇 시간이면 오는 곳
아름다운 나라

문화가 다르고
생각이 다르긴 하지만
따듯하고 친절했던
아름다운 나라

세미원에서

저기를 보아라
저기를 보아라
웅장한 자태 품은
할아버지(느티나무) 모습

작은 골짜기에서
너도나도 강물이 될까
흘러온 친구들이
여기까지 왔다네

싱싱한 이파리들아
대지를 맘껏 덮어라
강물에 빠져버린
구름이 지나기 전에

세미원에서
바라보는 할아버지
강산을 안아주고
두물머리 지켜주신다네

양강 섬

한때는
붉게 타오르는
정열의 순간

어느 때는
사랑에 빠져버린
여인의 모습

아마도
저 구름을 따라가면
천국이겠지

물 맑은 양평
아름다운 양강 섬에서
그대를 본다

또 만날 거야

살다 보면
기분 좋은 일
멋있는 일 생기잖아

살다 보면
싸우는 일
화해하는 일 생기잖아

살다 보면
냇물처럼 바람처럼
세월처럼 유유히 흐르잖아

살다 보면
한순간 헤어진다해도
또 만날 거야

소 코뚜레

날씨 참 좋았던
두물머리 선착장

행운을 믿고 사는 일
없었는데 두물머리에서
행운을 얻었다

좌판에 있는 소 코뚜레
구입해서 현관에 걸었다

그 후 딸이 출가했고
두 번째 구매 후
아들이 결혼했다

코뚜레의 행운은
지인의 자녀들까지
행운을 안겨 주었지

두물경에 서서

푸른 물결 위로
수없이 떨어지는
빗줄기가 아름다운 강

작은 우산 하나로
강물에 떨어질
빗방울 몇 개를
막는다고 그럽니다

물 맑은 양평의 명소
국화차가 참 맛있는
두물머리는

두물경 끝자락
편안한 의자를
수백 리를 달려온
강물에 양보합니다

편안한 두물머리

일 년에 몇 번은
두물머리에 간다

세미원에서부터
느티나무까지 천천히 걷는다

포토 존을 지나면서
아름다운 갈대밭을 보고

석양빛 찬란한
두물경에서 수종사를 본다

꽃밭에서

세상을 붉게
물들일 것처럼
끝도 없이 펼쳐 놓은
아름다운 꽃밭에서

언젠가부터
꽃술이 아름다운
그대의 모습에서
정열을 보았지

감춤도 없이
속까지 다 보여주는
깨끗한 마음에
그 속에 빠져든다

붉은 입술로
유혹하는 그대라면
못 이길 거라면
혹여나 넘어가 볼까

시작하는 거야

세월이 벌써
삼십 년을 훌쩍 넘겼지만
새 짝을 찾기에
알맞은 나이더라

세상에서 가장 예쁜
새신부를 맞아 덩실덩실
행복한 춤사위는
아름다움이어라

행복하게 잘 살아라
평생 간직해야 할
축하의 메시지가 익숙한
오늘이 기쁜 날

시작하는 거야
꽃길만 걷는 거야
눈빛과 미소가
행복의 시작이잖아

붉은 아카시아

하얀 꽃잎은
전형적인 너의 상징
내가 성장해 오면서
늘 보고 익힌 건
백의종군처럼
하얀 꽃잎뿐이었지

느닷없이 나타난
그대의 붉은 모습에
당황을 하면서도 설레었어
붉은 꽃잎은 처음이었기에
호기심도 생겼지

붉은 아카시아
아직 너를 먹어보지 못했어
먹어볼 생각도 없이
셔터를 누르고 있었지
숨겨진 사랑 찾느라

그림과책 시선 314

예쁜 그리움 하나

초판 1쇄 발행일 _ 2024년 11월 27일

지은이 _ 장운기
펴낸이 _ 손근호

펴낸곳 _ 도서출판 그림과책
출판등록 2003년 5월 12일 제300-2003-87호

03924 서울특별시 마포구 월드컵북로54길 17 821호
　　　(상암동, 사보이시티디엠씨)
　　　　도서출판 그림과책
전화 (02)720-9875, 2987 _ 팩스 (02)720-4389
도서출판 그림과책 homepage _ www.sisamundan.co.kr
후원 _ 월간 시사문단(www.sisamundan.co.kr)
E-mail _ munhak@sisamundan.co.kr

ISBN 979-11-93560-22-8 (03810)

값 12,000원

이 책의 판권은 지은이와 그림과책에 있습니다.
잘못된 책은 교환해 드립니다.